NATIONAL GEOGRAPHIC

D0503577

Choque de culturas

PATHFINDER EDITION

Por Peter Winkler y Fran Downey

CONTENIDO

Rostro de piedra. *Esta escultura tallada representa a un importante dios azteca. Se parecía a una serpiente con plumas.*

de culturas

Por Peter Winkler y Fran Downey

El 8 de noviembre de 1519 dos mundos hicieron colisión. Uno de ellos era el poderoso imperio azteca, que gobernaba la parte central de México. El otro era el creciente imperio español. La mezcla de sus culturas creó una nueva forma de vida.

Armadura española del año 1500

"¿Es esto un sueño?"

Eso se preguntaron los exploradores españoles cuando entraron en esa ciudad increíble. A la luz del sol, el lugar parecía flotar en un lago resplandeciente. No es de extrañarse. La ciudad estaba en una isla. Caminos largos y delgados la unían con la orilla.

Por encima de la línea del horizonte se veía una pirámide de piedra de unos 20 pisos de altura. Había dos templos erigidos en lo alto de la pirámide. Uno era de color rojo brillante, el otro azul profundo. Decenas de edificios se levantaban alrededor de la pirámide. A su alrededor había miles de casas y tiendas bien ordenadas y limpias. Caminos y canales mantenían todo unido.

Asombrados, los españoles miraban la ciudad con avidez. Nunca habían visto nada igual.

Ciudad orgullosa, raíces modestas

¿Qué era este lugar alucinante? Su nombre era Tenochtitlán. Allí vivían unos 200.000 aztecas.

Tenochtitlán era la ciudad más grande de las Américas. También era la capital del poderoso imperio azteca. La reluciente ciudad fue diseñada para impresionar a los visitantes. Y así lo hizo.

Al observar la ciudad de Tenochtitlán, jamás hubieras imaginado que los aztecas habían sido una vez una tribu pequeña y débil. Sus antepasados vivieron en lo que hoy es el suroeste de los EE.UU. Cazaban animales y juntaban plantas silvestres. Para hallar alimento, el grupo se trasladaba de un lugar a otro.

A lo largo de los años, los aztecas **emigraron**, o se mudaron, hacia el Sur. Terminaron cerca del lago Texcoco, en el centro de México. Parecía un buen lugar para vivir. Solo había un problema: ya había personas que vivían allí.

Misterio de la historia *Es posible que un sacerdote azteca haya llevado puesta esta serpiente turquesa. También puede haber sido un regalo para los exploradores españoles.*

Gran encuentro, gran error. *Moctezuma (en sandalias), el gobernante azteca, dio la bienvenida al explorador Hernán Cortés. En pocos días, Cortés tomó prisionero al rey.*

Los aztecas eran gobernantes duros. Obligaban a los pueblos conquistados a darles comida, oro y otros objetos de valor. No es de sorprenderse que muchos de estos pueblos los odiaran.

¡Cuéntame más!

Los exploradores españoles habían oído hablar de los aztecas. Los aztecas tenían justo lo que Hernán Cortés, el líder español, quería: tierras y oro.

Verás, Cortés no era solamente un explorador. Era un **conquistador**. Los conquistadores conquistaban tierras para España, un país de Europa. Cortés quería añadir México al imperio español.

También quería el oro de los aztecas. Muchos mexicanos prometieron ayudar a Cortés en la lucha contra los aztecas. Así que Cortés decidió llevar a su ejército hacia el corazón del imperio azteca.

Sorpresa y bienvenida

Los españoles llegaron a la capital azteca el 8 de noviembre de 1519. Se encontraron frente a miles de ojos curiosos. Esos ojos aztecas se abrían cada vez más y más.

Para empezar, los extraños visitantes parecían estar hechos de metal brillante. Eso era porque la luz del Sol se reflejaba en sus armaduras.

Los aztecas se quedaron especialmente sorprendidos al ver los caballos de los visitantes. Estos animales eran nuevos para ellos. Algunos incluso se preguntaron si el caballo y el jinete eran un único monstruo gigante.

A pesar de su sorpresa, los aztecas dieron la bienvenida a los españoles. El rey azteca, Moctezuma, incluso intercambió regalos con Cortés. Para los aztecas, eso significaba que los dos hombres eran amigos.

Lo que Moctezuma no sabía era que su nuevo amigo tenía otras ideas. Él quería algo más que regalos.

El imperio inesperado

Las personas que vivían cerca del lago Texcoco no querían abandonar sus tierras. Obligaron a los aztecas a trasladarse a unas islas pequeñas. Pensaron que eso mantendría alejados a los recién llegados.

Pero no fue así. En las islas, los aztecas aprendieron a cultivar la tierra. Libres de la necesidad de trasladarse, comenzaron a construir ciudades. Construyeron también algo más: un fuerte ejército.

Al poco tiempo, los aztecas comenzaron a conquistar a sus vecinos. Cuando los españoles llegaron en 1519, los aztecas gobernaban un rico imperio. Este cubría la mayor parte del centro de México.

Mundos en guerra. *Los soldados mexicanos eran diestros y valientes. Pero los españoles tenían caballos y armas poderosas.*

Malos invitados

Pocos días después de llegar a Tenochtitlán, Cortés secuestró a Moctezuma. Se convirtió en un prisionero español. Oficialmente, el rey todavía gobernaba México. Sin embargo, básicamente seguía las órdenes de los españoles.

Mientras tanto, los españoles tomaron tanto oro como pudieron. Saquearon el tesoro de Moctezuma. También arrancaron las estatuas de oro de los templos y las fundieron. Al fundir las estatuas, los españoles hicieron lingotes de oro, que eran más fáciles de enviar a España.

Los aztecas pronto se hartaron de sus invitados. El conflicto entre los dos grupos estalló en una guerra amarga. La lucha duró dos años.

Cada lado tenía sus fortalezas. Los aztecas superaban enormemente en número a los españoles y luchaban en un terreno conocido. Pero los soldados de Cortés tenían espadas de acero, cañones y armas de fuego, todos desconocidos para los aztecas. Y tenían un aliado accidental.

La ruta de Cortés

- Ruta de Cortés
- Territorio azteca

AMÉRICA DEL NORTE

OCÉANO ATLÁNTICO

FLORIDA

Golfo de México

VIRREINATO DE NUEVA ESPAÑA

CUBA

HISPANIOLA

Tenochtitlán

Mar Caribe

OCÉANO PACÍFICO

AMÉRICA DEL SUR

La travesía española. *Este mapa muestra las rutas que tomó Cortés dentro del territorio azteca. Su llegada dio como resultado la caída del imperio azteca.*

Batalla biológica

Sin darse cuenta, los españoles trajeron a México un germen. Este causaba la viruela, una enfermedad mortal. El germen infectó rápidamente a los aztecas.

La viruela no existía en México. Eso significaba que los aztecas no tenían **inmunidad**, o resistencia, contra esa enfermedad. La enfermedad se propagó rápidamente a través de la población. Murieron decenas de miles de aztecas.

Debilitados por la enfermedad, los aztecas no pudieron cosechar sus cultivos. Así que aun más personas murieron de hambre. Enfermos, con hambre e incapaces de defenderse, los aztecas perdieron finalmente contra los españoles en 1521.

Esa derrota acabó con el imperio azteca. México se convirtió en parte de la Nueva España. Sin embargo, la influencia de los aztecas continuó.

La mezcla mexicana

Después de 1521, México desarrolló lentamente una nueva cultura. La **cultura**, o forma de vida, incluye el lenguaje, el arte y las creencias. Esta nueva cultura no era azteca. Pero tampoco era española. ¡Era una combinación de ambas!

Puedes probar esa cultura mixta en las comidas que comemos hoy en día. Piensa en los tacos. La tortilla se hace de maíz, un cultivo azteca. En su interior encontrarás carne de res y queso. Estos productos llegaron a América con los españoles.

Por supuesto, los tacos son solo un pequeño ejemplo de cómo se pueden mezclar las culturas. Cada situación es diferente. El choque de culturas de México provocó una guerra. A veces, sin embargo, las culturas se encuentran y se mezclan en paz. Pase lo que pase entre las culturas, el resultado será tanto desafiante como interesante.

Oportunidad dorada.
Los españoles fundieron los tesoros aztecas para hacer monedas como estas.

7

Ciudad de México

La Ciudad de México es la capital de México. También es la ciudad más antigua de las Américas. La gente ha vivido aquí continuamente desde la época de los aztecas.

Comienzos ancestrales

La larga historia de la ciudad comienza con una leyenda azteca. Según la historia, un dios habló a los aztecas. Les dijo que buscaran un águila que devoraba a una serpiente sobre un cactus. Los aztecas debían construir una ciudad sagrada en el lugar donde estaba parada el águila. Y fue eso precisamente lo que hicieron.

Los aztecas tampoco construyeron una ciudad común. Crearon una que tenía templos llenos de tesoros. Tenía un palacio con jardines lujosos, un acuario y dos zoológicos. Los aztecas llamaron a su ciudad Tenochtitlán. Mostraba el éxito y el poder de los aztecas.

Una ciudad española en México

Hoy en día, casi nada queda de esta antigua ciudad. ¿Qué pasó con sus pirámides y sus templos? El conquistador Hernán Cortés destruyó la mayoría de ellos. En su lugar, construyó una nueva ciudad. Esta ciudad reflejaba su propia cultura española.

Se construyeron iglesias católicas en el lugar de los templos aztecas. Pronto se construyeron edificios de estilo español donde alguna vez habían prosperado las comunidades aztecas. Muchas personas se trasladaron de España a esta nueva ciudad. Pronto se convirtió en una de las ciudades más importantes de América del Norte.

Una mezcla del pasado y el presente

En 1810, México declaró su independencia de España. Pronto se convirtió en su propio país con su propia bandera. El águila de la bandera honra la larga historia de los aztecas. Los colores de la bandera, verde, blanco y rojo, fueron elegidos en el momento de la independencia. Por lo tanto la bandera mexicana, al igual que la capital del país, es una mezcla de lo viejo y lo nuevo.

Una mezcla de culturas. *Bailarines realizan una ceremonia azteca en la Ciudad de México (izquierda). La bandera de México honra las culturas antiguas y modernas del país (abajo).*

Una mezcla

Comidas mexicanas tradicionales

Arquitectura en la Plaza de las Tres Cultur...

México tiene una cultura mixta. Pero, ¿qué significa eso exactamente? La cultura es una forma de vida. Incluye las creencias y las actividades de las personas. En México, estas son moldeadas por la historia azteca y española -y las personas que viven hoy en México.

Con sólo probar un bocado de comida mexicana percibirás la mezcla cultural. Prueba el mole poblano, por ejemplo. Está hecho con chocolate, chiles y pavo. Estos ingredientes eran parte de una dieta típica azteca. El mole poblano también se hace con ajo, especias y carne de res. Estos ingredientes fueron traídos a México por los españoles. ¡Así que este plato es una mezcla de ambas culturas!

Construyendo una cultura

También se puede ver la mezcla de culturas en la arquitectura de México. En todo el país hay edificios viejos y modernos construidos uno al lado del otro. Algunos edificios de estilo español tienen cientos de años de antigüedad. Otros edificios y casas fueron construidos hace solo algunos años.

Tal es el caso en un área de la Ciudad de México. Se la conoce como la Plaza de las tres culturas. Esta área tiene ruinas aztecas y una iglesia española del siglo XVII. Estos sitios históricos se ubican justo al lado de modernos edificios de oficinas.

de culturas

Celebrando el Día de los Muertos

Celebrando las creencias

Algunos días festivos en México también son una mezcla de lo azteca y lo español. Por ejemplo, la mayoría de los españoles eran católicos. Celebraban las fiestas del Día de Todos los Santos y del Día de Todas las Almas en noviembre. En la misma época del año, los aztecas realizaban rituales especiales en memoria de sus antepasados.

En poco tiempo, se formó una nueva fiesta mexicana. Se la llamó el *Día de los Muertos*. Esta fiesta honra a los antepasados y a los espíritus de los seres queridos. Hoy en día, el Día de los Muertos es una fiesta nacional. Es celebrada por los mexicanos en todo el país.

Una cultura viva

México es una mezcla de culturas. Puedes percibir esta mezcla en las comidas caseras. La puedes ver en la arquitectura. La puedes celebrar con amigos y familiares.

México es único por la manera en que se han combinado las culturas azteca y española. No obstante, las culturas de otros países también están compuestas de muchas creencias y formas de vida.

¿Cómo se han mezclado las culturas en tu vida? Las tradiciones de tu familia son una parte importante de lo que eres. Desde las comidas que comes a los juegos que juegas, tu cultura da forma a tu vida.

La gente de México

Conquista estas preguntas para mostrar lo que sabes sobre la mezcla de culturas de México.

1 ¿Por qué impresionó a los visitantes la capital azteca de Tenochtitlán?

2 ¿Qué tenían los aztecas que Cortés deseaba?

3 ¿Cómo lograron vencer a los aztecas los españoles?

4 ¿De qué modo cambió Cortés la ciudad de Tenochtitlán?

5 Explica cómo se combinaron las culturas española y azteca para crear una nueva cultura mexicana.